Dieses Buch gehört

Jana.

Liebe Eltern,

wir wollen Ihr Kind beim Lesenlernen unterstützen, und zwar mit spannenden und lustigen Geschichten.

Unsere Bücher mit der liebenswerten Bildermaus begleiten Ihren Sohn oder Ihre Tochter durch die Vorschule. Sie enthalten kurze Geschichten mit einfachen Sätzen sowie großer und leicht lesbarer Schrift. Hauptwörter werden durch kleine Bilder ersetzt. Lesen Sie die Geschichten vor und lassen Sie Ihr Kind die Bilder selbst benennen. Am Ende finden Sie eine Bild-Wörterliste mit den einzelnen Bedeutungen. Viele bunte Illustrationen sorgen außerdem für Lesepausen und helfen, die Geschichte zu verstehen.

So wird der Spaß am Lesen geweckt, und Ihr Kind wird ganz nebenbei von der Bildermaus zum echten Leselöwen!

Ihre

Bildermaus

Amelie Benn

Meermädchen-
geschichten

Illustriert von Leonie Daub

Loewe

www.bildermaus.de

FSC
www.fsc.org
MIX
Papier aus ver-
antwortungsvollen
Quellen
FSC® C020353

ISBN 978-3-7432-0514-7
2. Auflage 2021
© 2020 Loewe Verlag GmbH, Bindlach
Umschlag- und Innenillustrationen: Leonie Daub
Umschlaggestaltung: Ramona Karl
Vignetten Bildermaus und Sticker: Angelika Stubner
Reihenlogo nach einem Entwurf von Angelika Stubner
Printed in the EU

www.loewe-verlag.de

Inhalt

Menschen und Meermädchen

Unten am  lebt das

Maila in einem  aus . Ihr

Vater, der , hat Maila verboten,

nach oben zu schwimmen. „Die

sind für  gefährlich!", warnt

er immer mit erhobenem .

Aber Maila hat ihren eigenen .

Schon oft war sie dort, wo die

so herrlich auf den  glitzert.

Am liebsten schwimmt sie zur

der .

Nicht weit vom  gibt es

einen  , von wo aus Maila

beobachten kann. Sie winkt

den  auf den  immer zu,

aber keiner winkt je zurück.

Sehen sie das  auf dem

denn gar nicht? Kaum hat Maila es

sich heute auf dem  bequem

gemacht, kommt schon ein

vorbei.

An der  steht ein 🧍 mit

langen 👩, die im 🌬️ wehen.

Heute ist der 🌬️ besonders stark

und das ⛵ schaukelt hin und her.

Maila hebt die ✋, um zu winken.

Da fällt das  plötzlich ins  .

Besorgt springt Maila vom

und schwimmt blitzschnell dorthin,

wo das  zwischen den

verschwunden ist. Schon ist sie

bei ihm und hält es über  .

Erstaunt sieht das  Maila an –

und lächelt. Vom  wirft

jemand einen  ins  .

„Lia, alles okay bei dir? Klettere

an der   hoch!", ruft ein   von

oben.

„Alles ist gut! Das  passt auf

mich auf!", ruft Lia zurück. Der

schaut einfach durch Maila

hindurch. „Ich glaube, nur ganz

besondere  können

sehen – so wie du", sagt Maila.

Lia strahlt über beide 👧. „Ich

werde morgen bei der 🏝️ auf

dich warten", erklärt Maila. „Bis

dann also!", sagt Lia und zieht sich

an der 🪜 hoch. Maila schwimmt

glücklich zum 🏰 zurück.

Die große Muschel

Die  Meera und Mia sind

befreundet, seit sie denken können.

Sie machen alles zusammen:

streicheln, mit  schwimmen

und noch vieles, vieles mehr. Am

wichtigsten für sie ist es jedoch,

auf die große  aufzupassen.

Die   hat Mia und Meera

ausgewählt, diese 🐚 zu hüten.

Mit der 🐚 wird das 🧜‍♀️🧜‍♂️

des  🌙 angekündigt. Dann bläst

ein 🐡 in die 🐚, um alle

einzuladen, die unter 🌊 leben.

18

Nur Mia und Meera wissen, wo

die  versteckt ist: In einer

neben einem versunkenen

am . Beide  haben

einen  zu der .

Heute ist es wieder so weit: Mia und

Meera werden beauftragt, die

für das   zu holen. Es ist nicht

weit zum alten ⛵. Mia und Meera

tauchen hinunter und blicken sich

suchend um.

„Wo ist die  ?", fragt Meera.

Mia schwimmt einmal um das

herum. Aber nirgendwo ist die

zu sehen. Nur ein müder  döst

im .

„Die  wurde gestohlen!",

ruft Meera. „Das war bestimmt

die  !" Von den  gestört,

erwacht der  und schwimmt

eilig davon. Nur eine  aus

dunkler   bleibt zurück.

Als sich die 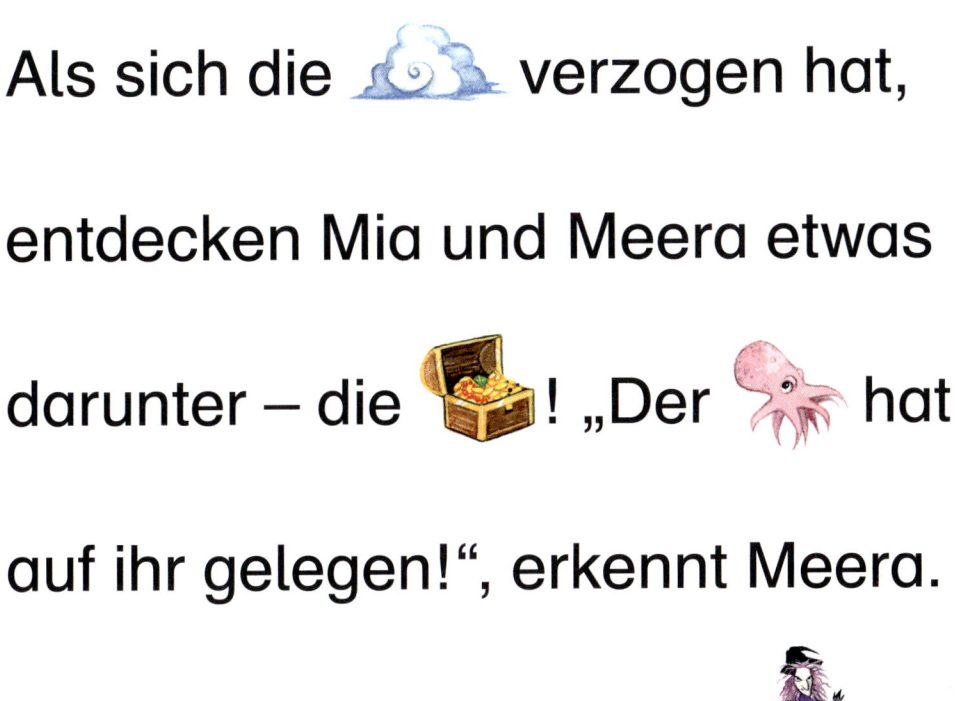 verzogen hat,

entdecken Mia und Meera etwas

darunter – die ! „Der hat

auf ihr gelegen!", erkennt Meera.

„Blöd, dass ich gleich die

verdächtigt habe."

Mia steckt ihren 🗝️ in das 🔒

und der 🧰 öffnet sich. Meera

holt die 🐚 heraus und bringt

sie mit Mia zum 🏰 der 👸.

Jetzt kann das 🧜 beginnen!

Alles nur ein Traum?

Juna liebt das . Aber noch

mehr mag sie . Heute kann

sie endlich wieder ins . „Hast

du an deine gedacht?", fragt

ihre Mama. Juna verdreht die .

„Klar!", sagt sie. Im zieht

Juna ihren und die an.

Dann schwimmt sie zuerst zu der

kleinen  ganz hinten im 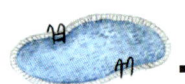 .

Nur noch unter dem

durchtauchen, dann ist sie da.

Überrascht blickt sie sich um. An

den  der  glitzern  .

„Die kenn ich gar nicht", wundert

sie sich. Da hört sie auf einmal

jemanden fröhlich lachen.

Neugierig schwimmt Juna unter

dem  hindurch und traut

ihren kaum.

Das  ist verschwunden,

stattdessen befindet sich Juna

nun auf offenem . Am

kreischen  und zwischen

den  spielen drei .

Ungläubig starrt Juna die  an

und schwimmt näher. „Kommst du

von der magischen ⬤ ?", fragt

ein 🧜. Juna nickt. „Komm, spiel

mit uns!", sagen die anderen.

Als Juna ihnen hinterhertaucht,

merkt sie plötzlich, dass sie

unter  atmen kann! Sie

versteht sogar, was die

sagen! „Jetzt bin ich wirklich

ein echtes !", jubelt sie.

Lange spielen sie miteinander,

doch irgendwann verabschieden

sich die drei . Sie schenken

Juna eine . „Damit du uns

nicht vergisst!", rufen sie, bevor

sie im  verschwinden.

Juna schwimmt zur  zurück

und findet sich plötzlich im

wieder. „Hab ich nur geträumt?"

Sie blickt an sich herunter. Dann

muss sie lächeln.

Rettung für Siria

Das 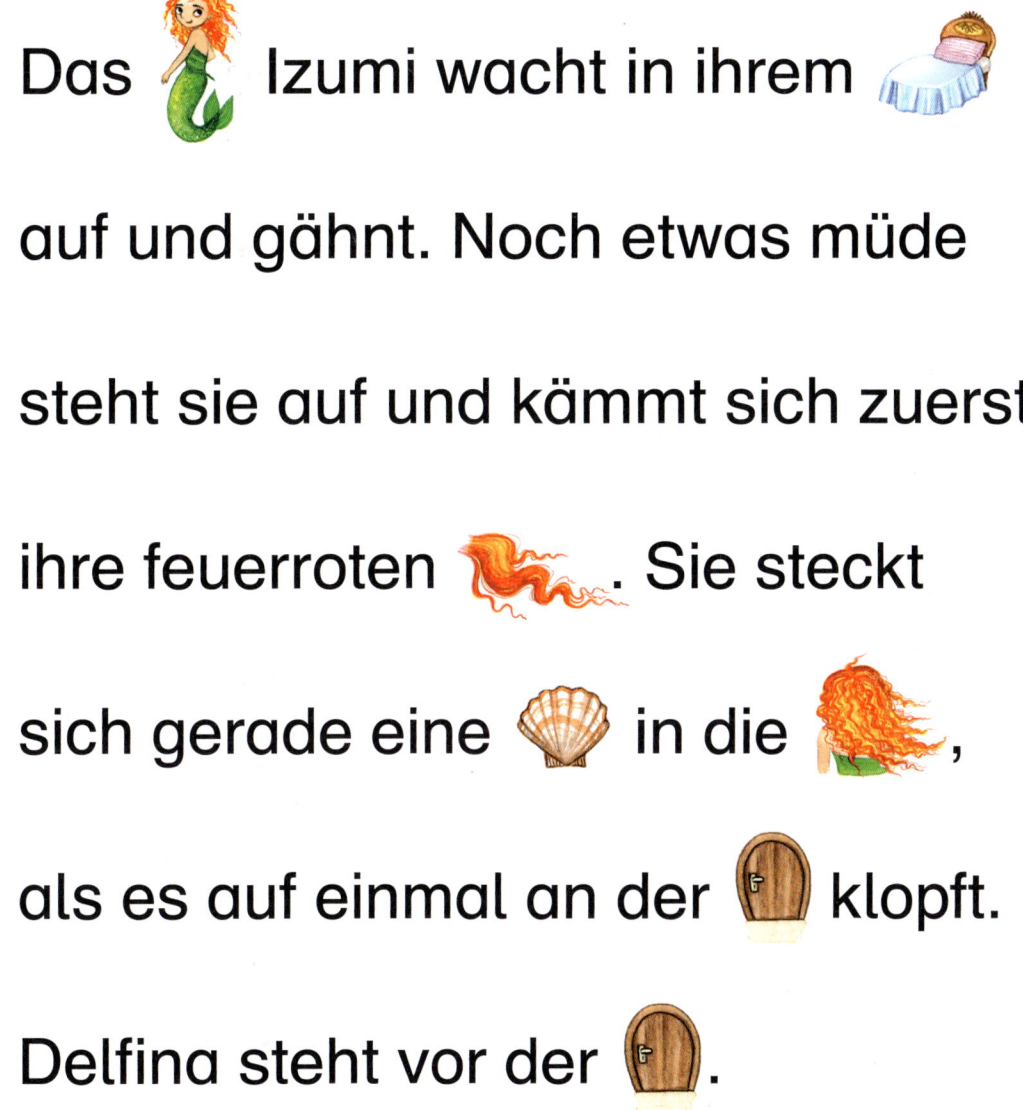 Izumi wacht in ihrem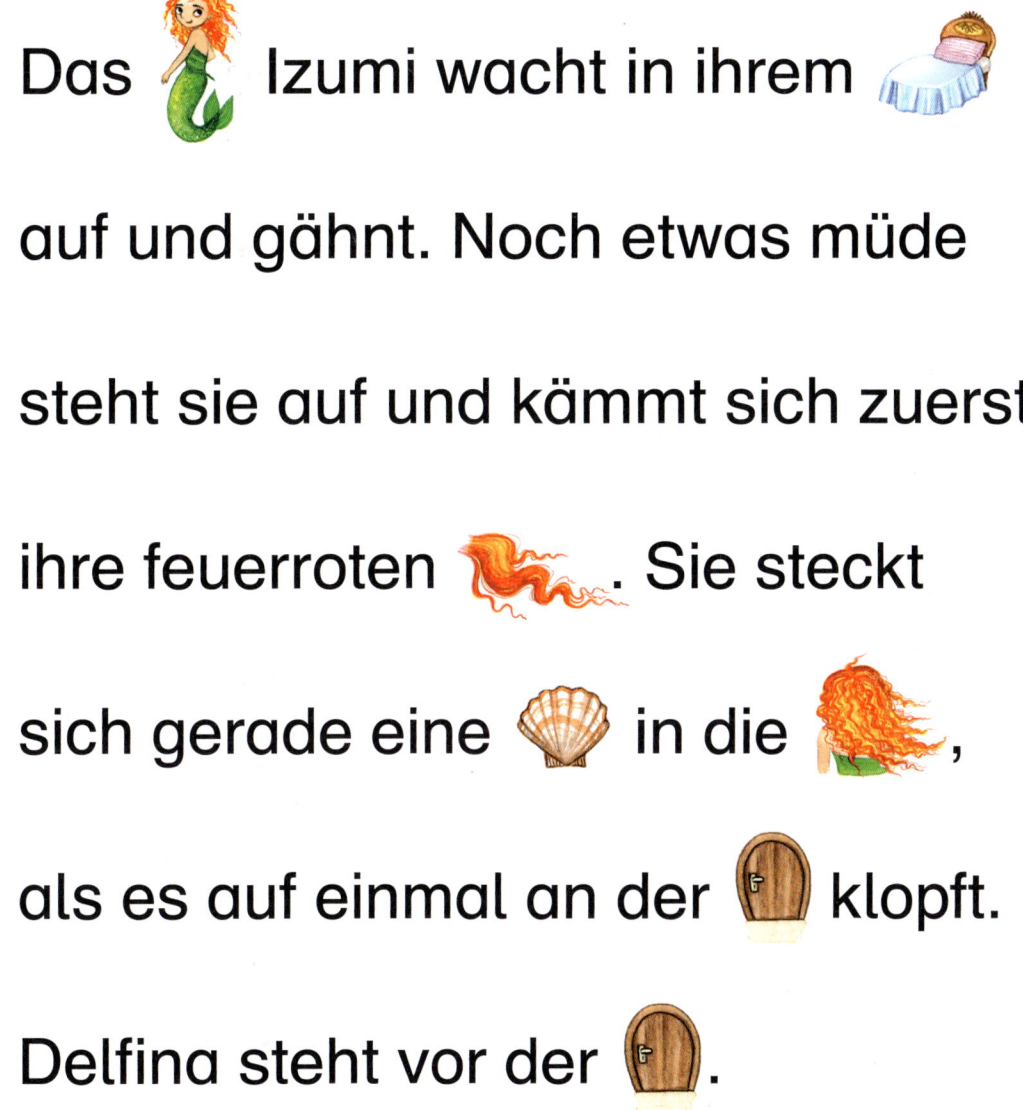
auf und gähnt. Noch etwas müde

steht sie auf und kämmt sich zuerst

ihre feuerroten 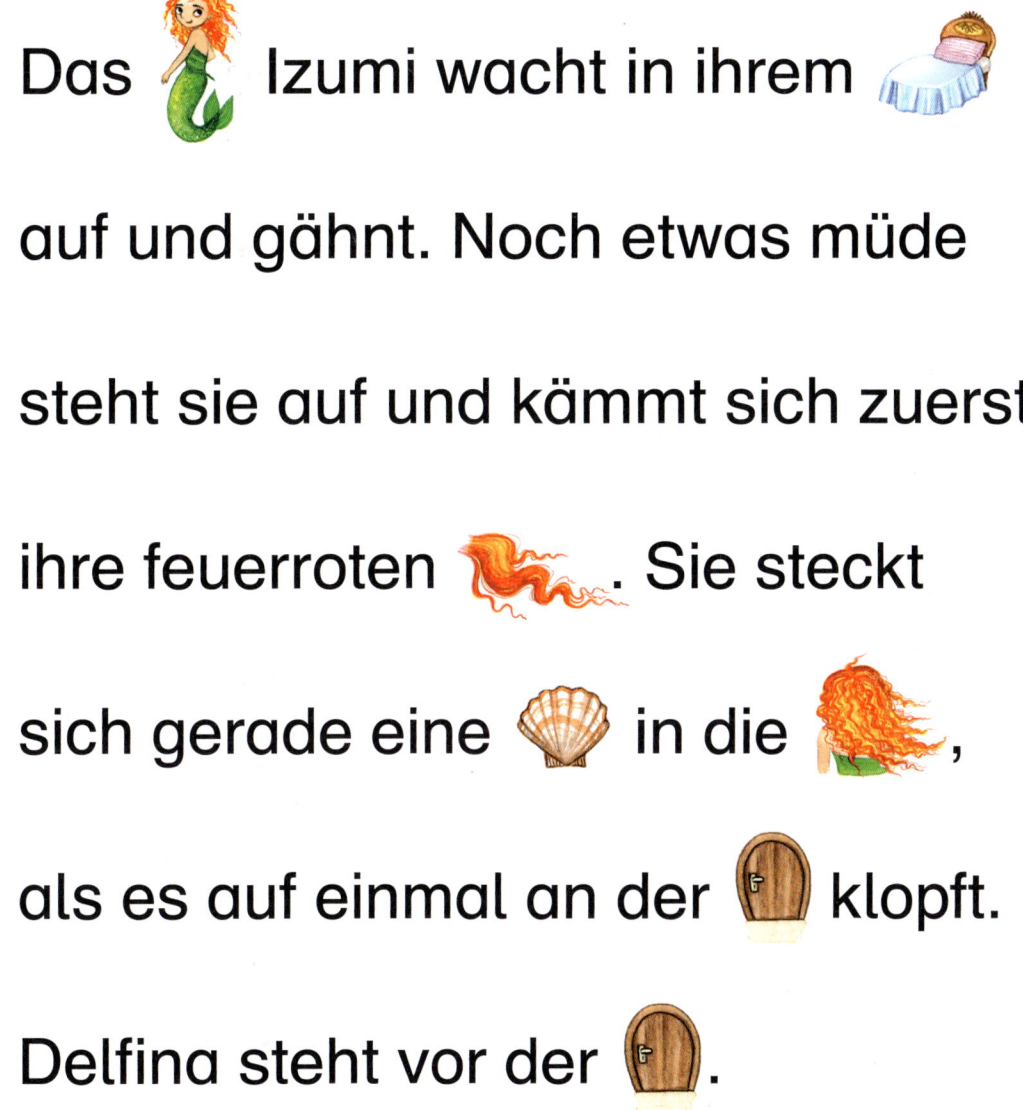. Sie steckt

sich gerade eine 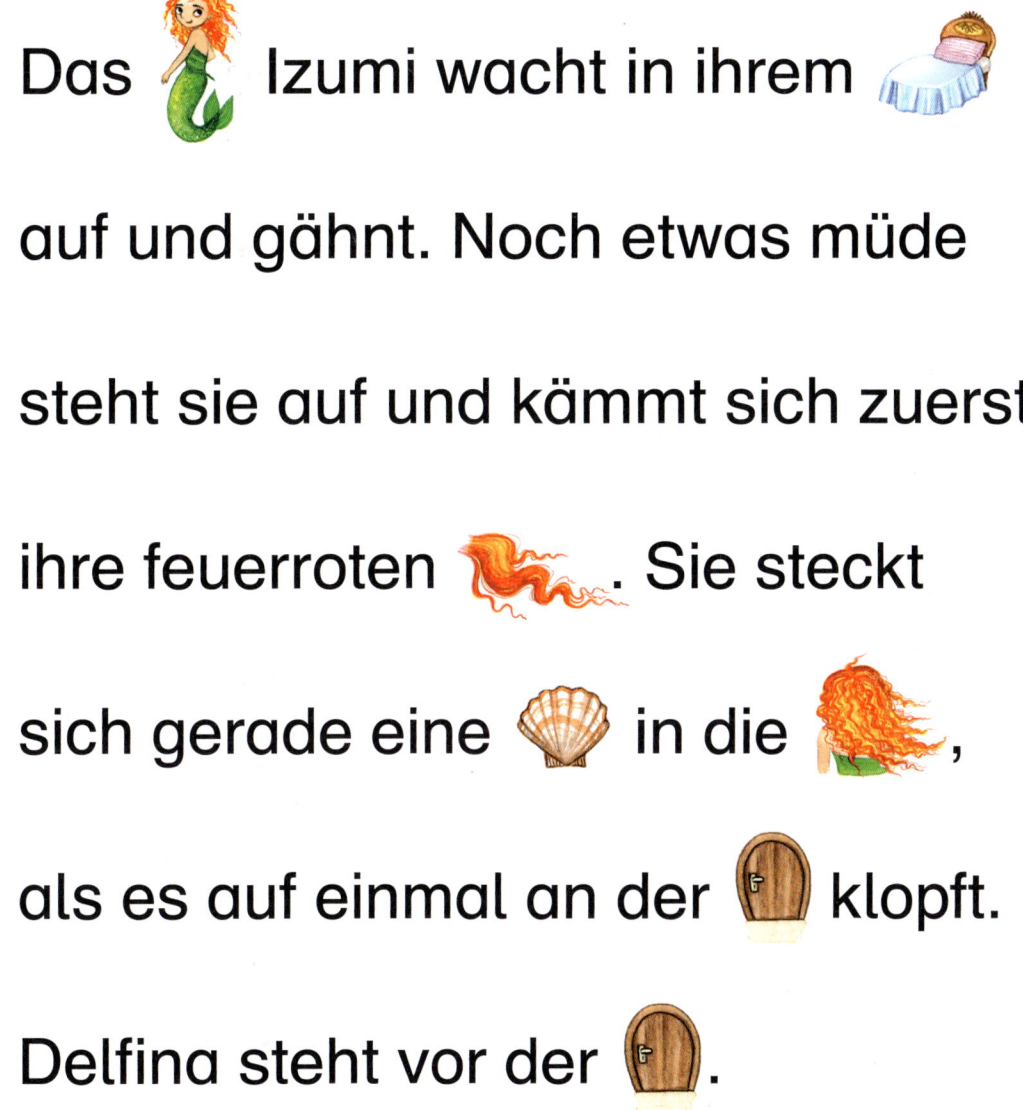 in die 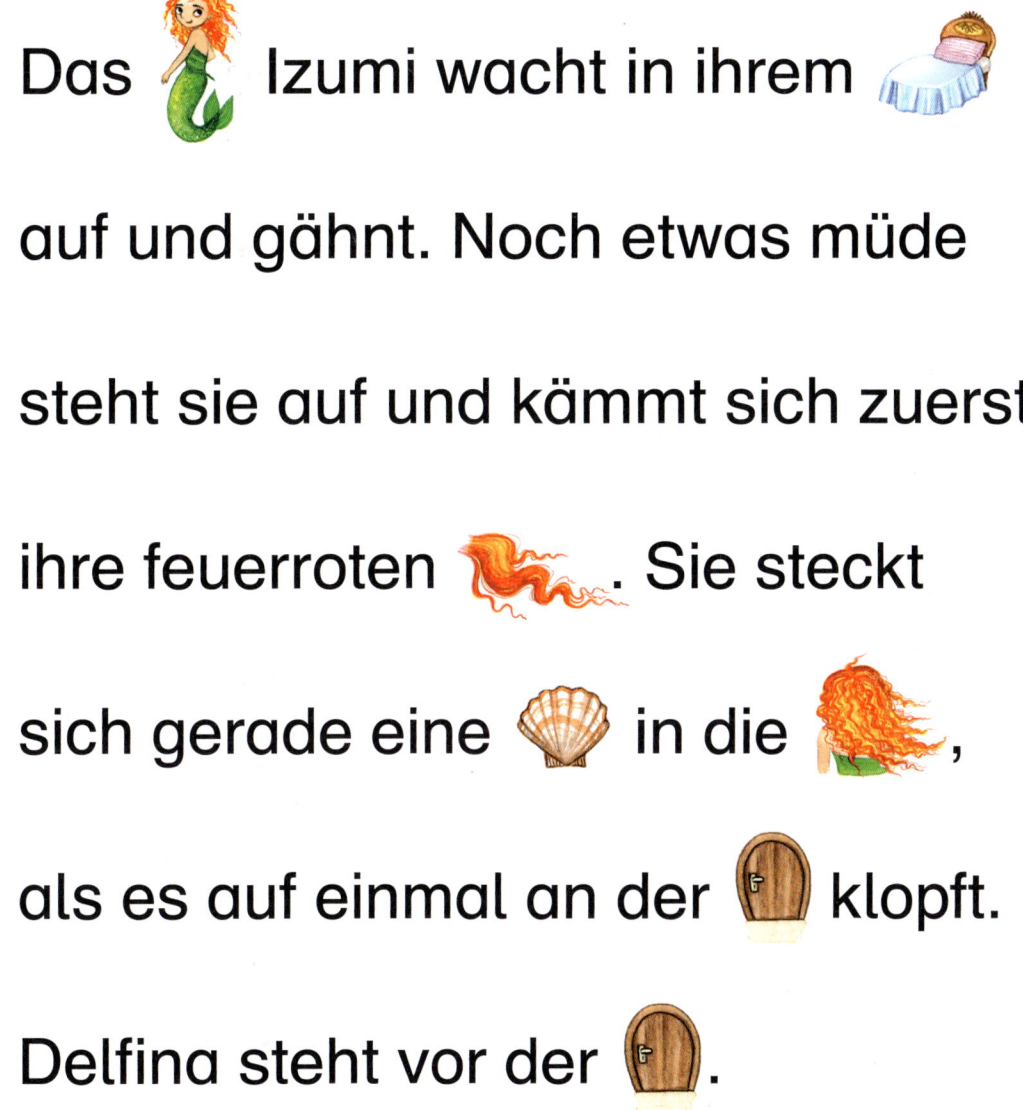,

als es auf einmal an der 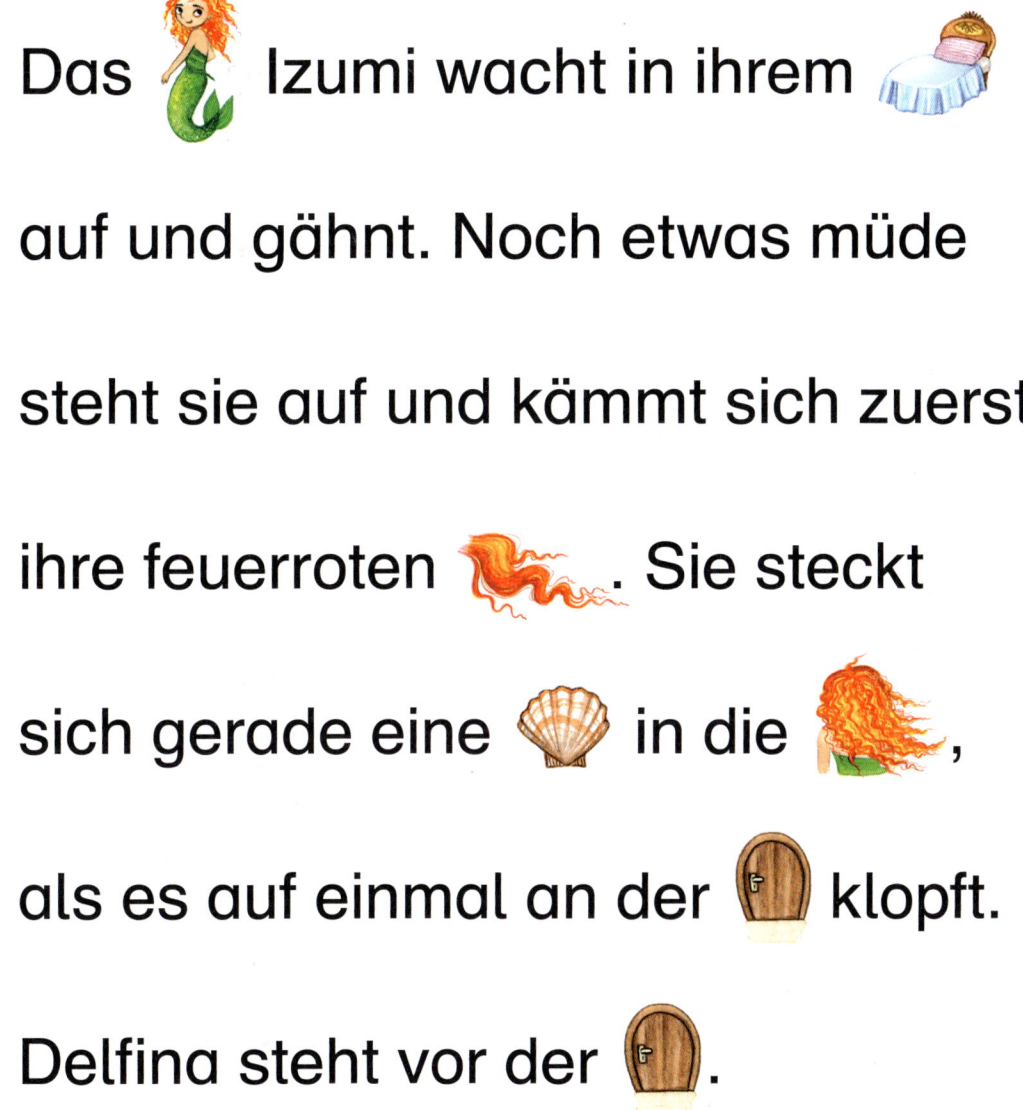 klopft.

Delfina steht vor der 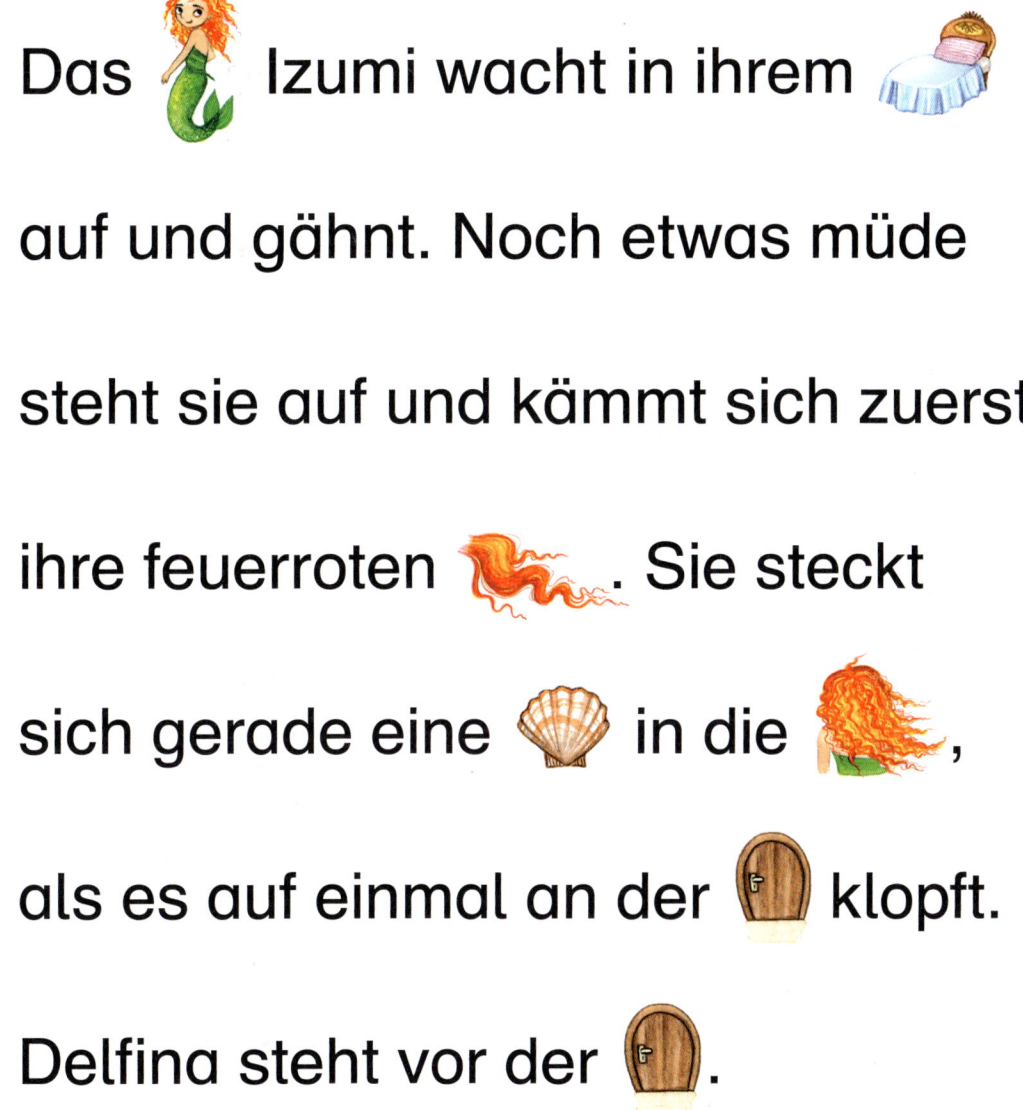.

Sie ist der , den Izumi am

liebsten mag. „Hallo, Delfina!

Wie …", beginnt Izumi. Doch

Delfina unterbricht sie hektisch:

„Siria  wurde drüben beim

in einem ⬚ gefangen! Schnell!"

34

Dann schwimmt sie sofort los.

Izumi rast Delfina wie der

hinterher. Endlich erreichen sie

das ▨. Vorsichtig nähern sie

sich dem ▨, in dem Siria

gefangen ist.

„Hilfe!", ruft das . Izumi zieht

kräftig an den  und  ,

aber sie lassen sich nicht lösen.

„Bin gleich wieder zurück", sagt

sie, als ihr etwas einfällt. Nicht weit

entfernt wohnt Karl, der  .

Izumi ruft ihn aus seiner .

„Ich brauche dich! Komm mit!"

Karl sieht, wie besorgt das

ist, und folgt ihr sogleich. Als sie

das  erreichen, weiß der

sofort, was er tun muss.

Er klappert mit seinen  und

zerschneidet eilig das  .

„Danke!", sagt Siria und gibt Karl

einen  auf die  . Karl wird

noch röter, als er sowieso schon ist.

„Das muss gefeiert werden!", sagt

er und lädt alle in seine  ein.

Dort essen und trinken, tanzen und

singen sie, bis der  aufgeht.

Glücklicher als sie war keiner im

ganzen  .

Die Wörter zu den Bildern:

 Meeresgrund

 Sonne

 Meermädchen

 Wellen

 Palast

 Insel

 Korallen

 Delfine

 König

 Strand

 Menschen

 Felsen

 Zeigefinger

 Schiffe

 Kopf

 Reling

 Mädchen

 Wale

 Haare

 Schildkröten

 Wind

 Muschel

 Hand

 Königin

 Wasser

 Fest

 Rettungsring

 Mond

 Leiter

 Kugelfisch

 Mann

 Schatzkiste

 Ohren

 Schlüssel

 Tintenfisch

 Flosse

 Sand

 Augen

 Meerhexe

 Bikini

 Wolke

 Höhle

 Tinte

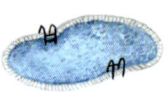 Schwimm-becken

 Schloss

 Wasserfall

 Deckel

 Wände

 Meer

 Kristalle

 Schwimmbad

 Himmel

 Möwen

 Blitz

 Fische

 Schnüre

 Kette

 Knoten

 Bett

 Krebs

 Locken

 Scheren

 Tür

 Kuss

 Seepferdchen

 Wange

 Riff

 Fischernetz

Amelie Benn wurde 1974 in Süddeutschland geboren. Während ihres Studiums lebte sie zeitweise in Nepal, Israel und England. Dort besuchte sie viele magische Orte und sammelte Ideen für ihre Geschichten. Heute lebt Amelie Benn mit ihrer Familie in der Schillerstadt Marbach.

Leonie Daub studierte Kommunikationsdesign an der Staatlichen Akademie der Bildenden Künste in Stuttgart. Heute übt sie dort ihren Traumberuf als freie Illustratorin aus.

Noch mehr Lesespaß!

ISBN 978-3-7432-0754-7

ISBN 978-3-7432-0760-8

ISBN 978-3-7432-0999-2

ISBN 978-3-7432-0759-2

Loewe
Das will ich lesen!